TRIBUNAL DE COMMERCE

De l'arrondissement de Périgueux, département de la Dordogne.

BONNET PÈRE,

Maire de Cubjac, ancien Notaire,

ET

BONNET FILS JEUNE,

ANCIEN FILATEUR DE COTON,

Demeurant tous les deux à Cubjac;

CONTRE

La Société Rousset et Laparre,

BANQUIERS A PÉRIGUEUX.

PÉRIGUEUX,
CHEZ LAVERTUJON, IMPRIMEUR, PLACE DAUMESNIL.

1849.

TRIBUNAL DE COMMERCE

De l'arrondissement de Périgueux, département de la Dordogne.

BONNET PÈRE,

Maire de Cubjac, ancien Notaire,

ET

BONNET FILS JEUNE,

ANCIEN FILATEUR DE COTON,

Demeurant tous les deux à Cubjac;

CONTRE

La Société Rousset et Laparre,

BANQUIERS A PÉRIGUEUX.

A MM. LES PRÉSIDENT ET JUGES

COMPOSANT LE TRIBUNAL DE COMMERCE DE PÉRIGUEUX.

Messieurs,

Entre la Société Rousset et Laparre, banquiers à Périgueux, d'une part ;

Et les sieurs Bonnet père et fils, d'autre part ;

Un procès est pendant devant vous depuis l'acte d'ajournement de la Société, à la date du 16 avril 1846, du ministère de Dieumégard, huissier.

Ce long espace de temps a été pris par les moyens insolites de la Société. — Cette Société, éblouie par un succès éphémère, ne s'était pas aperçue, sans doute, que le jugement du 3 septembre 1846, en lui donnant gain de cause, réservait aux sieurs Bonnet les moyens de faire annihiler ce bénéfice injuste.

Oui, Messieurs. le débat de cette cause, dans son principe, c'est-à-dire le 3 septembre 1846, fut étouffé par les exceptions de la Société, accueillies par le tribunal, trop confiant envers elle ; cette Société, qui, aux abois, périclitant dans le moment de la catastrophe qui venait frapper à Périgueux, sur la fin de 1845, et le capitaliste et le monopoleur d'argent, s'accrochait à toutes les branches de son arbre tombant sous l'orage, et de son désordre, et de la crise financière locale.

Les sieurs Bonnet comprirent et apprécièrent les motifs du tribunal dans sa décision. Il s'agissait de statuer sur le rapport d'un arbitre : les parties étaient censé avoir fourni à cet arbitre leurs moyens respectifs ; un reliquat résultait du compte général, contre les sieurs Bonnet, à la date du 30 septembre 1845.

Le Tribunal crut devoir homologuer le rapport, et même encore peut-être, dans la pensée de fermer aux sieurs Bonnet la voie dilatoire, comme exception à prolonger inutilement le procès.

Mais le Tribunal, d'un côté, appréhendant de la pression si intense de la Société, et croyant, d'un autre côté, à l'inutilité de la prolongation du débat, fit en faveur des sieurs Bonnet les réserves qui replacent aujourd'hui les parties au point où le jugement du 3 septembre 1846 les laissa suspensivement.

Ainsi, les parties ne devant arguer, surtout en matière de comptes, que de titres et de documents dont l'arbitre, du choix du tribunal, est le premier appréciateur, le Tribunal ne devant pas s'arrêter à de minutieux détails de forme, ce qui serait pour lui inutile et fastidieux, porta incontinent son regard scrutateur sur les résultats du travail de l'arbitre, qu'il crut devoir sanctionner. Le tribunal était loin de pouvoir penser que les manœuvres fallacieuses de la Société avaient paralysé les sieurs Bonnet dans leurs moyens et exceptions.

C'est ainsi que les sieurs Bonnet reconnaissent la justice et la prudence du tribunal ; et si la Société elle-même n'avait pas été convaincue que les devoirs du tribunal seraient religieusement observés, elle n'aurait pas usé de cette chicane subtile qui enlace le bon droit et fait triompher la supercherie. — Ainsi donc, le sieur Bonnet père, bâillonné, étouffé, à l'audience du 3 septembre 1846, ne put faire jaillir aux yeux de la justice la lumière des faits de sa cause. Dieu a voulu que cette lumière se fît ! Elle se fait ; elle pénètre dans l'esprit et dans l'âme des magistrats, dont je conjure les bontés et l'attention, osant espérer que mon plaidoyer les satisfera dans toute la limite de leur justice.

Messieurs, l'instruction qui fut faite par le sieur Arvengas, arbitre commis par le jugement du 23 avril 1846, mit-elle les sieurs Bonnet à même de faire valoir devant lui tous leurs moyens? Là est la question fondamentale dans la cause ; sa solution doit être le corrolaire de l'issue du procès.

Voici les faits : A la suite de relations de banque entre les parties, un différend sur les comptes généraux les divisa. Une instance s'engagea devant le tribunal de commerce de Périgueux, par acte du 16 avril 1846, proposant de compter jusqu'au 31 décembre 1845.

Le 23 avril 1846, intervint un jugement qui renvoya les parties devant le sieur Arvengas pour procéder comme arbitre, conformément à l'art. 429 du Code de procédure civile.

Par acte du 27 mai 1846, de Dieumégard, huissier, les sieurs Bonnet furent assignés pour se trouver le 1.er juin devant l'arbitre, à son domicile, à 10 heures du matin. — Les sieurs Bonnet obéirent à cette sommation ; ils le firent constater par l'arbitre, par un écrit conçu dans les termes suivants :

« Je déclare que M. Bonnet père, négociant à Cubjac, s'est présenté chez moi, à dix heures du matin et à 11 heures, et également à mon bureau, ce lundi 1.er juin 1846.

A Périgueux, le 1.er juin 1846.   Signé ARVENGAS.

Les sieurs Rousset et Laparre ne se sont pas présentés et n'ont produit aucune pièce.

Sur le défaut de la Société, les sieurs Bonnet se retirèrent et remportèrent leurs pièces, le sieur Arvengas leur ayant manifesté l'intention de ne point accepter l'arbitrage s'il n'était payé à l'avance approximativement, afin d'éviter des difficultés de la part de la Société, qui devait faire les avances des frais, en sa qualité de poursuivante. Le sieur Arvengas a réexprimé cette résolution de ne vouloir accepter, dans une lettre postérieure.

Les sieurs Bonnet, sur une pareille observation, crurent devoir attendre un nouvel appel, ou amiable, ou rigoureux, pour satisfaire à la volonté de l'art. 429 ; mais on resta dans le silence vis-à-vis d'eux.

Par suite de son défaut devant l'arbitre, les jour et heure indiqués pour comparaître, la Société fit clôre le compte au 30 septembre 1845, contrairement à l'acte d'ajournement du 16 avril 1846, qui le proposait au 31 décembre suivant.

C'est ainsi que la Société en usa, en l'absence, à l'insu des sieurs

Bonnet, qui, habitant à 25 kilomètres de Périgueux, devaient complètement ignorer ce qui se passait les concernant dans cette affaire.

Les sieurs Bonnet dûrent être au comble de l'étonnement, quand, le 1.er septembre 1846, par acte de Bloys, huissier à Cubjac, ils se virent assignés devant le tribunal de commerce pour le surlendemain 3 septembre, afin de se voir condamner à payer à la Société le réliquat arrêté par l'arbitre à la somme de 2,977 fr. 36 c. D'où que l'arbitre avait fait en faveur des sieurs Bonnet un redressement de 704 fr. 24 c., circonstance qui démontre avec quelle injustice la Société s'était déjà conduite envers les sieurs Bonnet.

Le sieur Bonnet fils, qui était absent de son domicile au moment de l'assignation à un seul jour d'intervalle, sans notification du rapport de la part de la Société, fit forcément défaut à l'audience du 3 septembre 1846.

Ce court intervalle d'un jour ne permettait pas aux sieurs Bonnet d'avoir expédition d'un rapport qui avait pris à l'arbitre 36 vacations qu'il s'est fait taxer 195 fr. par M. le président du tribunal de commerce.

Le sieur Bonnet père se présenta à l'audience du 3 septembre, et il dut se borner à prendre les conclusions que le jugement de ce jour reproduit dans les termes que voici (textuel) :

« Le sieur Bonnet père s'est présenté et a conclu : — A ce que la cause fût renvoyée, pour qu'il puisse prendre connaissance du rapport afin de le discuter ; — Qu'il fût ordonné, au surplus, que les parties seraient renvoyées de nouveau devant l'arbitre, pour continuer le compte jusqu'au 31 décembre 1845 (comme le porte l'acte d'ajournement du 17 avril 1846), prétendant qu'au résultat de ce compte il serait reconnu que les demandeurs, loin d'être créanciers, étaient débiteurs ; — Que les sieurs Rousset et Laparre fussent condamnés, solidairement et par corps, à lui payer le réliquat éventuel du compte qu'il réclame, avec intérêt légitime et dépens, réliquat qu'il évalue provisoirement à la somme de 1000 fr.

» Après ces conclusions, le sieur Rousset a déclaré formellement s'opposer au renvoi de la cause et à un nouveau renvoi devant l'arbitre, soutenant que depuis le 30 septembre 1845, il n'y avait entre lui et les sieurs Bonnet aucune nouvelle opération de compte courant.

» Le sieur Bonnet a alors déclaré que si on ne voulait pas continuer la cause et renvoyer devant l'arbitre, il allait se retirer. Et, de fait, il est immédiatement sorti de l'audience.

» Le sieur Rousset a persisté dans ses précédentes conclusions.

» Sur ce débat, le tribunal a statué comme il suit :

» Par ces motifs, le tribunal donne défaut contre le sieur Bonnet fils, faute de comparaître ; et pour le profit, sans s'arrêter ni avoir égard aux allégations du sieur Bonnet, pas plus qu'à sa demande en renvoi, condamne solidairement les sieurs Bonnet père et fils plus jeune, ce dernier par corps, à payer aux sieurs Rousset et Laparre la susdite somme principale de 2,977 fr. 36 c., avec intérêts légitimes et dépens ; ces derniers, liquidés à 295 fr. 35 c., y compris les vacations de l'arbitre, taxées à 194 fr.

» Réserve aux sieurs Bonnet de se pourvoir comme ils aviseront, au sujet du compte postérieur au 30 septembre 1845, qu'ils prétendent avoir à régler avec les sieurs Rousset et Laparre ; leur réserve tous leurs droits pour les articles postérieurs à ladite époque qu'ils pourront avoir à opposer en compensation au réliquat ci-dessus établi, etc. »

Le sieur Bonnet fils fit opposition à ce jugement, par acte du 9 novembre 1846. — Sur cette opposition, intervint le jugement du 10 décembre suivant, qui maintint celui du 3 septembre 1846. De plus, ce jugement du 10 décembre 1846 annulle une valeur de 3,680 francs que le sieur Bonnet fils opposait légitimement à la Société.

Le 30 août 1847, Bonnet fils a interjeté appel des jugements des 3 septembre et 10 décembre précédents.

Le 22 décembre 1848, la cour d'appel a maintenu ces deux jugements.

La créance résultant de ces divers titres a été cédée au sieur Duphot, banquier à Périgueux, par la Société Rousset et Laparre, suivant acte du 14 janvier 1848, reçu M.ᵉ Lagrange, notaire en cette ville.

Le sieur Duphot, cessionnaire de cette Société, exerçait contre les sieurs Bonnet des poursuites dans toute la rigueur de la loi.

Les sieurs Bonnet, forts de la vérité, victimes de la Société Rousset et Laparre, ont assigné le sieur Duphot à l'audience des référés, par acte du 5 mai 1849, de M. le président du tribunal de 1.ʳᵉ instance de Périgueux, pour voir ordonner la suspension des poursuites, en face des éléments de fraude et de dol émanant de la Société.

Ce magistrat, frappé de cette vérité, par son ordonnance du 11 mai 1849, a suspendu les poursuites et renvoyé les parties devant le tribunal civil de première instance, appelé, par l'art. 553 du Code de procédure civile, à statuer sur les contestations élevées sur l'exécution des jugements en question, du tribunal de commerce, cette exécution se poursuivant dans le ressort du tribunal de première instance de Périgueux.

Le tribunal de 1.ʳᵉ instance, par son jugement du 2 juin 1849, a accueilli les conclusions des sieurs Bonnet, toutes poursuites demeurant en conséquence suspendues.

Par acte du 18 juin 1849, de Dieumégard, huissier, le sieur Duphot a ajourné la Société Rousset et Laparre et les sieurs Bonnet, devant le tribunal de commerce, à son audience du 21 juin dernier, afin de continuer leurs comptes, à partir du 30 septembre 1845.

Le tribunal de commerce de Périgueux, acceptant les conclusions du sieur Duphot, a rendu un jugement contradictoire, le 21 juin, qui renvoie les parties devant le sieur Laporte, nommé arbitre, pour y être procédé conformément à l'art. 429 du Code de procédure civile.

En vertu d'une sommation du 4 juillet 1849, toutes parties ont comparu devant l'arbitre le 9 du même mois, à 11 heures du matin.

L'arbitre Laporte n'ayant pu concilier les parties, après les avoir entendues dans leurs dires respectifs, a clos son rapport le 20 juillet, et l'a déposé au greffe du tribunal de commerce, le lendemain 21.

Notification, au requis de Duphot, a été faite de ce rapport aux sieurs Bonnet, par acte de Dieumégard, huissier, du 7 août, lequel acte porte aussi assignation devant le tribunal de commerce, pour le 16. — Ce jour là, le tribunal renvoya l'affaire à huitaine.

A l'audience du 23, Rousset et Laparre ont fait défaut; et par jugement de ce même jour 23, sur la demande des sieurs Bonnet, le tribunal a ordonné la comparution personnelle des sieurs Rousset et Laparre, pour l'audience du 30. — Ces derniers ont été intimés par acte du 28. — Nouveau défaut de la part des intimés.

Sur ce dernier défaut, le tribunal a continué l'affaire au 6 septembre courant. — A cette audience, le tribunal a eu à statuer sur les questions préjudicielles que voici :

La maison de commerce sous la raison Rousset et Laparre a-t-elle existé, existe-t-elle régulièrement constituée conformément à l'art. 42 du Code de commerce ?

Dans la négative, cette prétendue Société, dès lors sans capacité pour contracter valablement avec des tiers intéressés, a-t-elle pu d'une manière efficace céder contre les sieurs Bonnet une créance non-liquide comme subordonnée à un compte ultérieur.

Cette Société, dans sa position d'imperfection vis-à-vis les tiers-intéressés, réunit-elle les conditions essentielles pour la validité des conventions, aux termes de l'article 1108 du Code civil, s'exprimant ainsi : « Quatre conditions sont essentielles pour la validité d'une con- » vention : *le consentement de la partie qui s'oblige, sa capacité de con-* » *tracter,* etc. »

Ces deux premières conditions ne manquent-elles pas à la Société Rousset et Laparre, par son défaut d'avoir observé les prescriptions des articles 42 et 43 du Code de Commerce ?

Messieurs, à l'audience de jeudi dernier, le tribunal m'a manifesté le désir d'entendre mon plaid avant de statuer sur les questions préjudicielles que j'ai développées à cette même audience.

Je viens me conformer, avec respect pour la justice, à cette volonté; toutefois, sous la réserve expresse du maintien de mes conclusions sur ces questions, en excipant des faits graves que je vais reproduire avant d'aborder la discussion sur le fond, faits que je déduirai succinctement, comme réplique aux arguments du sieur Duphot, qui ont tendu de plus en plus à entraîner le tribunal dans la voie des plus étranges errements.

Le sieur Duphot a fait objecter, par l'organe de son défenseur, qu'il ne comprend rien aux exceptions des sieurs Bonnet.

Le sieur Duphot a fait relever une fourmillière de preuves de sa reconnaissance, par la justice, par le public et par les sieurs Bonnet, de l'existence de la Société sous la raison Rousset et Laparre, ayant son siège à Périgueux, en tirant la conséquence logique, que les sieurs Bonnet doivent être déclarés mal fondés et non recevables dans leurs dires et exceptions sur ce point préliminaire de la cause.

C'est vrai, la cour d'appel de Bordeaux, le tribunal de commerce de Périgueux, le public, les huissiers qui ont fait tous les actes de la procédure, et les sieurs Bonnet conséquemment, tous en un mot ont cru à l'existence d'une Société sous la raison Rousset et Laparre, légalement constituée, par suite des formalités remplies, prescrites par l'article 42 du Code de commerce.

Mais, je le demande, après que cette Société eut proclamé, par les cent bouches de la Renommée, l'ouverture de la banque sous la raison Rousset et Laparre, qui aurait eu la pensée de tirer l'induction que cette entreprise commerciale n'était qu'une fiction ? Que Rousset venait témérairement, en employant des manœuvres frauduleuses, persuader l'existence de sa fausse entreprise sociale, surtout quand un acte de cette gravité rendait son auteur passible de la pénalité exprimée par l'art. 405 du Code pénal ? C'était trop hardi !

Oui, messieurs: les magistrats, les fonctionnaires publics, les particuliers, tous indistinctement ont été trompés et induits à erreur.

Qu'on veuille bien me dire qui n'aurait pas été pris à ce piège, à cet étrange subterfuge, quand le monopoleur d'argent n'a d'espérance de succès que dans la confiance illimitée qu'il doit inspirer au public.

Cette croyance erronnée de tous, constatée par la procédure, si hideuse par ses involutions, peut-elle donner à la prétendue Société Rousset et Laparre un caractère de vérité, de réalité que la loi lui refuse formellement ?

Et quand cette vérité est enveloppée de ténèbres aussi obscures, peut-elle, dans sa marche à tâtons, arriver, sans de graves difficultés, où la justice l'attend de pied ferme ?

Je comprends que si la Société eût existé réellement, assise sur les bases essentielles que la loi a invariablement posées, et que je vinsse aujourd'hui proposer mon doute d'une pareille existence, oui, je le comprends, mon exception devrait être péremptoirement repoussée.

Mais à l'état négatif de cette prétendue Société, vouloir que mes errements, ceux de la justice, tous provoqués par la fraude et le dol, aujourd'hui que ces vices se révèlent par la force des choses, m'obligent à me contenter d'une constitution sociale qui n'existe pas, qui n'exista jamais, et dont l'apparence fut un piège à ma bonne-foi, c'est une prétention, vraiment, dont l'exemple ne se montra jamais dans aucune situation de banque ni d'autres matières quelconques.

Les faits ainsi cotés, et la lumière s'étant faite, examinons la position que ces faits et la lumière qui les a révélés font au tribunal, au sieur Duphot, aux sieurs Rousset et Laparre, et aux sieurs Bonnet eux-mêmes.

Le tribunal, maintenant qu'il connaît la non-existence de la Société dite Rousset et Laparre, peut-il faire reposer son jugement à intervenir sur ce qui n'est réellement qu'une fiction, qu'un mensonge ?

Le tribunal, par ce jugement, peut-il lier envers le sieur Bonnet le sieur Laparre, qu'on fait figurer faussement dans l'instance ?

L'huissier qui a fait les actes avait-il mission de Laparre ?

Messieurs, le sieur Rousset a pris envers les sieurs Bonnet, quatre obligations, différentes en somme, mais identiques en efficacité, ensemble de 16,000 fr., et vous remarquerez que le sieur Rousset n'a pas signé sous la raison sociale ; de sorte que la Société existât-elle régulièrement, qu'aux termes de l'art. 22 du Code de commerce, le sieur Laparre ne serait pas engagé envers les sieurs Bonnet.

Je mets sous les yeux du tribunal ces quatre obligations, qui sont de nature à devoir le porter à faire tomber le masque dont le sieur Duphot se sert pour envelopper la physionomie de la position de la cause.

Le sieur Rousset est venu déclarer devant vous, à l'audience dernière, qu'il n'existait plus aucun intérêt entre lui et le sieur Laparre, suivant un traité de 1845.

Mais si ce traité existe, pourquoi le sieur Rousset ne le produit-il pas? Pourquoi n'en a-t-il pas fait usage dès les premiers moments?

Au lieu de cela, le premier acte de cette procédure, qui est du 16 avril 1846, est fait à la requête de Rousset et Laparre?

Pourquoi le nom de Laparre continue-t-il à figurer dans l'arrêt du 22 décembre 1848?

Pourquoi la Société est-elle en nom dans cet arrêt?

Pourquoi, dans l'acte de cession Duphot, du 14 janvier 1849, Laparre y figure-t-il comme cédant de Duphot? Pourquoi enfin Laparre est-il dans la présente instance?

Mais Laparre s'est récrié quand il a appris qu'il plaidait contre les sieurs Bonnet. Laparre, quoique ayant eu gain de cause, décline toute cette procédure, aussi insolite qu'illicite.

Que le tribunal le comprenne bien, toutes les raisons et exceptions de Rousset ne sont qu'un tissu de faux-fuyants et de moyens échappatoires. Le titre de cession de Duphot, du 14 janvier 1849, est donc basé sur une fausseté.

Le sieur Duphot a-t-il été induit à erreur? ou bien n'a-t-il pas acquis la créance en connaissance du vice qui l'annulle? — Dans tous es cas, la cession est sans effet, puisque Rousset n'a pu engager Laparre, en vertu de l'art. 22 du Code de commerce, alors qu'il n'y a pas Société régulièrement constituée.

Voilà bien, messieurs, les éléments des questions préjudicielles que je soumets à l'appréciation du tribunal, et qui doivent être l'objet d'une décision préalable, alors qu'il ne peut être statué sur le fond. puisque le jugement sur ce point reposerait sur des faits allégués principaux par Rousset, pendant qu'ils n'existent pas.

Je conclus donc, par les motifs que je viens d'expliquer :

1.° A ce que le titre de Duphot, portant cession, du 14 janvier dernier, soit reconnu nul quant à ce qui regarde les sieurs Bonnet, avec dépens et dommages-intérêts ;

2.° Enfin, à ce que le sieur Rousset d'une part, et les sieurs Bonnet d'autre part, soient replacés au point du jugement du 9 juin 1849, du tribunal civil de Périgueux, qui les a renvoyés à se pourvoir comme ils aviseront, pour faire leurs comptes à partir du 30 septembre 1845, conformément au jugement du 3 septembre 1846 ; et ce, sans la participation du sieur Laparre, n'étant assujetti à aucun engagement, faute d'existence de la prétendue Société sous la raison Rousset et Laparre ;

s'entend, sous le rapport des effets signés Rousset, sans explication de la raison sociale ; mais sous toutes réserves, contre la Société, de la disposition de l'art. 42 du Code de commerce.

Je me borne donc aujourd'hui à l'appréciation de l'avis qui vous a été fourni par le sieur Laporte que vous avez nommé arbitre, n'ayant pu nous concilier ; toutefois, en réunissant à nos dires, consignés au rapport, les plus amples moyens que nous avons découverts depuis.

Je suivrai l'ordre du rapport qui contient cet avis.

Voici le classement des matières dont la différence entre elles nécessite la division en quatre parties ; voici leur nature respective, que j'ai l'honneur de vous présenter sous la dénomination de *Propositions* : elles sont au nombre de quatre, ainsi que le sieur Laporte les a classées lui-même.

I.re *Proposition.* — Les sieurs Bonnet ont doublement payé, dans les mains de la Société, une lettre de change de 682 fr., souscrite au sieur Réveilhas, avoué, qui l'a négociée à la Société.

Les sieurs Bonnet demandent le remboursement de ce double paiement.

II.me *Proposition.* — Les sieurs Bonnet ont livré à la Société pour 16,000 fr. de valeurs ; ils demandent qu'il leur en soit fait compte, conformément à l'obligation qu'elle en a pris.

III.me *Proposition.* — Les sieurs Bonnet demandent qu'il leur soit fait compte de la somme de 3,680 fr., suivant récépissé délivré par la Société, le 24 décembre 1845.

IV.me *Proposition.* — Les sieurs Bonnet demandent qu'il soit constaté que trois autres valeurs livrées à la Société, ensemble de 4,592 f. 90 c., n'ont pas été inscrites sur le livre-journal de la Société, voulant démontrer que la Société ne se conformait pas à l'art. 8 du Code de commerce.

Conclusions de l'arbitre Laporte.

Sur la première Proposition. — Que la Société ayant nié le double paiement, les sieurs Bonnet sont mal fondés. Que pour justifier leur allégation, les sieurs Bonnet devraient prouver le double paiement.

Sur la deuxième Proposition. — Que la Société doit, si elle ne l'a déjà fait, rapporter aux sieurs Bonnet, acquittées, les lettres de change sur Bordeaux.

Sur la troisième Proposition. — Que le bordereau de 3,680 f. ayant été annullé par le jugement du 10 décembre 1846, confirmé par arrêt sur appel, du 22 décembre 1848, les sieurs Bonnet sont mal fondés.

Sur la 4.ᵐᵉ et dernière Proposition. — Que les sieurs Bonnet ayant été simultanément couverts par des valeurs identiques, ils sont mal fondés.

Comme on le voit, l'arbitre est d'avis que la preuve soit faite au sujet du double paiement de la lettre de change.

L'arbitre est aussi d'avis, que la Société doit réintégrer dans les mains du sieur Bonnet les lettres de change sur Bordeaux, comme ayant dû être acquittées au moyen des valeurs sur M. Defaure Saint-André.

Sur les deux autres propositions, l'avis de l'arbitre est négatif pour ce qui concerne les sieurs Bonnet.

Messieurs, depuis le commencement du débat de la cause qui s'agite devant vous, je me demandais si nous étions placés incontestablement dans la voie des principes de son instruction, car j'avais des doutes. La huitaine de répit qui a été l'objet de sa continuation à l'audience d'aujourd'hui, m'a permis de faire l'étude de cette instruction ; et aujourd'hui je me présente à votre barre, convaincu que si nous ne dévions pas de cette voie insolite, nous croupirons encore long-temps dans un chaos inextricable de difficultés. C'est ce que j'ai l'intention d'éviter.

Comment, en effet, sommes-nous dans une fausse ligne ? Le voici :

Dans tous les procès, il y a un *demandeur* et un *défendeur ;* et la loi l'a si bien prévu, que l'art. 434 du Code de procédure civile s'exprime ainsi :

« Si le demandeur ne se présente pas, le tribunal donnera défaut, » et renverra le défendeur de la demande.

» Si le défendeur ne comparaît pas, il sera donné défaut, et les » conclusions du demandeur seront adjugées, si elles se trouvent justes » et bien vérifiées. »

Aux termes du jugement du 3 septembre 1846, qu'il s'agit d'exécuter, les seules parties principales qui doivent être en cause, sont les sieurs Rousset et Laparre d'une part, et les sieurs Bonnet père et fils d'autre part. C'est un compte à faire entre elles : rien de plus, rien de moins.

Laquelle de ces deux parties est-elle demanderesse ou défenderesse? Aucune. — Dès-lors, comment le tribunal pourrait-il faire l'application rigoureuse de la disposition de l'art. 434 précité ?

Il est vrai que le sieur Duphot a pris l'initiative pour ouvrir la nouvelle instance, en sa qualité de cessionnaire de la Société Rousset et Laparre, en vertu d'un contrat de cession du 14 janvier 1849, reçu Gilles Lagrange.

En supposant ce contrat régulier, quel serait le droit du sieur Duphot ? — Il n'aurait que celui d'intervenir pour surveiller ses intérêts.

Il est vrai que, dans ce contrat, la Société subroge le sieur Duphot à tous ses droits contre les sieurs Bonnet, comme prétendus débiteurs de la Société de 4,000 fr.

La somme cédée est-elle liquide ? — Non, car aux termes du jugement du 3 septembre 1846, cette somme doit être compensée avec le réliquat du compte à intervenir, qui l'absorbera infailliblement.

Le tribunal civil de Périgueux, par son jugement du 9 avril 1849, a suspendu l'exercice de tous les droits du sieur Duphot pour ce qui concerne les sieurs Bonnet, attendu le nouveau compte à faire, sauf aux parties à se pourvoir comme elles aviseront.

Quel droit restait-il dès-lors au sieur Duphot ? — 1.° d'attendre l'issue des comptes, en y intervenant à ses frais, si bon lui semblait, pour surveiller ses intérêts ; 2.° ou de forcer la Société à poursuivre elle-même le règlement du compte ; 3.° ou enfin d'attaquer la Société en restitution du prix de la cession, avec dommages-intérêts.

Mais le sieur Duphot, je le répète, son titre fût-il régulier, n'ayant pas surtout une créance liquide, n'avait aucune capacité pour instancier d'office les parties.

En effet, le sieur Duphot n'étant ni comptable ni oyant, le tribunal peut-il lui appliquer rigoureusement la disposition de l'article 434, quand il n'a aucun caractère pour être ni défendeur, ni demandeur direct ?

En dehors de ces principes, Duphot n'est pas cessionnaire légitime de Laparre. — Laparre fait constamment défaut ; il n'a participé et ne participe que faussement à la procédure, qu'il décline conséquemment. Il n'a pas comparu au rapport de l'arbitre, provoqué illégalement par Duphot, quoique ce rapport dise le contraire. Il n'a donné aucune mission aux huissiers d'instrumenter à son requis.

Conséquemment, je fais mes réserves pour m'inscrire en faux contre tous les actes qui nous sont opposés, émanant en apparence, directement ou indirectement, du sieur Laparre, protestant contre leurs fins.

Nous concluons, en conséquence, sur cette seconde partie des conclusions préjudicielles, à ce que le sieur Duphot soit déclaré mal fondé et non recevable, comme porteur d'un titre nul et infesté du vice de la plus éclatante fausseté, avec dépens et 2,000 fr. de dommages-intérêts, le tout par corps.

Par suite, remettre les parties intéressées au compte, au point de départ du jugement du 9 avril 1849, pour, la plus diligente d'elles, mettre le tribunal de commerce à même d'appliquer régulièrement la disposition de l'art. 434 du Code de procédure civile, sous toutes réserves.

DISCUSSION.

Ire *Proposition touchant la lettre de change.* — Cette lettre de change avait pour terme d'échéance le 13 mai 1845. Il n'est pas justifié par la Société que cet effet ait été protesté pour conserver la garantie du sieur Réveilhas, endosseur ; ce défaut de protêt fait présumer le paiement à l'échéance.

La Société avait acquis la propriété de la lettre de change par voie de négociation, selon l'usage.

Cette négociation et le paiement devraient être présentés à leur date respective par le livre-journal de la Société, suivant l'article 8 du Code de commerce. — Ce livre est muet à cet égard.

Le sieur Rousset a été interrogé par M. le président du tribunal de commerce, à l'audience du 6 courant, sur les circonstances du paiement de la lettre de change. — Il a répondu que le paiement pouvait avoir été fait trois mois après l'échéance, peut-être quatre ; qu'il ne s'en rappelait pas au juste. Mais si le sieur Rousset eût tenu ses livres en règle, il aurait donné la date précise de la négociation et du paiement.

Il est justifié par les sieurs Bonnet, au moyen d'une lettre de la Société, à la date du 15 novembre 1845, que la lettre de change en question n'avait pas encore été délivrée à cette date, à l'huissier Dieumégard, pour recouvrer ou protester ; ce qui faisait 6 mois après l'échéance.

De plus, une ligne d'écriture superposée transversalement sur le corps de la lettre de change, indique que le paiement devait avoir lieu le 31 décembre 1845. Cette écriture est le fait d'un employé de la Société. Cette mention dérogeant au principe touchant les effets que la lettre de change est destinée à produire, alors que la véritable échéance était au 13 mai précédent, est indicative d'une combinaison à la fois insolite et illicite. Cette mention détruit bien sans doute péremptoirement cette assertion, que la lettre de change eût été donnée dès-long-temps, pour recouvrer, au sieur Dieumégard.

Et puis, est-il naturel de croire qu'un banquier ait gardé dans ses mains, pendant huit mois après l'échéance, une lettre de change d'où résulterait, pour lui, et la perte de l'intérêt de son argent, et la perte de la garantie de l'endosseur quand il n'y a pas protêt ?

De toutes ces circonstances doit résulter la présomption grave, précise et concordante, que le paiement de la lettre de change fut effectué à son échéance du 13 mai 1845. Du reste, il y a tort de la part de la Société de n'être pas à même, par son livre-journal, de justifier du quantième de la négociation et de celui du paiement.

D'un autre côté, pour justifier le double paiement de la lettre de change par les sieurs Bonnet, il est constaté, par l'écrit superposé de l'employé de la Société, sur le corps de la lettre de change, qu'au 31 décembre 1845 la lettre de change devait être recouvrée. Il est démontré aussi, par la lettre de la Société du 15 novembre 1845, que non-seulement à cette époque il n'y avait pas eu paiement, ni menaces par l'huissier Dieumégard, mais encore que l'effet n'avait pas passé, ce jour, dans les mains de cet huissier, pour être recouvré ou protesté.

Dès-lors, le défaut de l'huissier Dieumégard, 1.º d'avoir inscrit sur son livre des recouvrements ; 2.º de son souvenir de l'époque du recouvrement ; 3.º enfin de la date de l'acquittement au dos de la lettre de change ; pas plus encore que le défaut de la Société d'inscription de la négociation et du jour du paiement à son livre-journal, ne peuvent produire d'incertitude sur le temps du paiement au 13 mai, présomption née de l'intérêt matériel de la Société.

Ainsi, la lettre de la Société, du 15 novembre 1845, et l'écriture superposée, donnant la certitude qu'il y a eu paiement après cette dernière époque, il est rationnel de présumer qu'un double paiement a été effectué.

Relativement aux 4 bordereaux, ensemble de 16,000 fr. — Aux termes de l'art. 1315 du Code civil, celui qui réclame l'exécution d'une obligation doit la prouver.

Réciproquement, celui qui se prétend libéré, doit justifier le paiement ou le fait qui a produit l'extinction de l'obligation.

La Société Rousset et Laparre s'est obligée de faire compte aux sieurs Bonnet d'une somme de.. 16,000 fr.

SAVOIR :

1.° Par un bordereau	du 2 juin 1845............	2,000 f.	
2.° idem	du 24 juillet 1845........	6,000	16,000
3.° idem	du 27 août 1845.........	2,000	
4.° idem	du 21 octobre 1845......	6,000	

BALANCE..................... 00,000

8,000 francs, moitié de cette somme, recouvrés sur M. Faure de Saint-André, de Villeneuve-sur-Lot, devait être employée, suivant l'indication mentionnée aux récépissés des 27 août et 21 octobre, des valeurs sur M. Faure, à couvrir l'autre moitié établie par les récépissés des 2 juin et 24 juillet, sur Bordeaux, par lettres de change souscrites Bonnet père, à l'ordre Rousset et Laparre.

La Société ne justifie pas avoir fait l'emploi convenu, par la remise aux sieurs Bonnet, acquittés, des effets sur Bordeaux, ensemble de la dite somme de 8,000 fr.

La lettre invoquée par la Société, prétendue émanée du sieur Roudil, banquier à Villeneuve-sur-Lot, est et ne peut être qu'apocriphe aux yeux de la justice. Dans tous les cas, cette missive ne pourrait avoir d'autre valeur que celle de renseigner sur le fait d'acquittement de six mille francs seulement, acquittement qui, pour être complet, s'entend de la remise des effets au sieur Bonnet, souscripteur.

S'il était vrai que le sieur Faure de Saint-André eût couvert la valeur sur Bordeaux, de 6,000 fr., il aurait transmis les titres à la Société, qui, à son tour, aurait dû les rendre acquittés aux sieurs Bonnet, qui les attendent depuis trois ans, alors que le sieur Faure de Saint-André n'a aucun droit à ces derniers effets. — Ces effets furent souscrits directement à Rousset, par Bonnet père, en à-compte sur le compte courant. — Rousset devait prendre l'argent de M. Faure et retirer lui-même les lettres de change sur Bordeaux. M. Faure n'avait à se mêler que d'acquitter les effets par lui acceptés en échange d'autres valeurs du sieur Bonnet ; de sorte que si Rousset a donné mission à M. Faure de retirer les effets sur Bordeaux, M. Faure doit les lui rendre, et, par suite, le sieur Rousset doit les remettre au sieur Bonnet.

Le sieur Faure de Saint-André, qui a suspendu ses paiements, a dû faire passer dans les mains des syndics, et actif et passif en sa possession. — Les effets en question, sur Bordeaux, peuvent avoir été l'objet d'un endossement fortuit, au profit du sieur Faure de Saint-André, et, par suite, ses créanciers s'en être emparés ; ce qui placerait les sieurs

Bonnet dans l'alternative horrible de payer leurs effets, sous peine d'y être contraints par corps.

Aussi, en face de cette gravité, l'arbitre Laporte exprime-t-il l'avis formel, dans son rapport, que la Société, si elle ne l'a déjà fait, doit rendre aux sieurs Bonnet leurs effets en question sur Bordeaux.

Contrairement à cet avis du sieur Laporte, le sieur Rousset prétend avoir rempli son mandat, et pense le justifier au moyen de la lettre du sieur Roudil. — Le défenseur du sieur Duphot a pensé corroborer cette ridicule prétention au moyen d'un jugement du tribunal de commerce de Périgueux, qu'il a constamment devers lui, dit-il, pour justifier que le banquier qui reçoit des fonds pour couvrir des valeurs, ne doit aucun compte de l'effet qu'il a couvert, en tant qu'il justifie de l'envoi des fonds. De telle sorte que ce défenseur, qui a dit avoir été banquier, et précédemment agréé pendant 15 ans au tribunal de commerce, se tient nanti de son jugement, comme les Orientaux, qui, au moyen du talisman qu'ils conservent sur eux, se croient préservés au milieu de tous les grands périls. — M. le défenseur n'a pas dit qu'il eût reçu les fonds du sieur Lestrade à titre d'amitié et par office purement d'obligeance. Mais je lui demande, à M. le défenseur, sous sa foi talismanique, ce qui serait advenu du contraire, s'il eût fait la négociation à titre onéreux et qu'il eût pris l'engagement écrit de rendre compte, et de la valeur qu'il recevait pour recouvrer, et de l'effet qu'il devait recouvrer? — Ce dernier cas est celui du sieur Rousset. Dès-lors la lettre du sieur Roudil peut-elle être aussi un talisman? Les obligations écrites du sieur Rousset sont là.

Pour que le tribunal puisse apprécier le rôle de M. Defaure Saint-André dans cette affaire, il est urgent de lui expliquer sa position, qui doit effacer tous les sophismes de Rousset tendant à le dispenser d'exécuter une obligation sacrée.

M. Faure de Saint-André, mon compatriote, avait des capitaux m'appartenant; il fut convenu entre nous, que pour en éviter le transport par les voies ordinaires, je tirerais sur lui des lettres de change qu'il accepterait.

Ce sont ces lettres de change, jusqu'à concurrence de 8,000 francs, que je négociai au sieur Rousset, pour m'en faire rentrer le montant; savoir : le 27 août 1845, 2,000 fr., suivant récépissé de ce jour, de Rousset. — Précédemment, le 2 juin, j'avais livré à Rousset, suivant son récépissé de ce jour, sur notre compte courant, deux lettres de change de 1,000 fr. l'une, sur bordereaux, au 7 septembre suivant. Ces deux lettres de change devaient être couvertes par la valeur sur M. Faure.

Le 24 juillet 1845, comme le bordereau du jour l'indique, je livrai à Rousset, en compte, trois lettres de change de 2,000 fr. l'une, sur Bordeaux, aux 3, 10 et 17 novembre.

Au lieu de faire venir moi-même mes capitaux dûs par M. Faure, pour acquitter à échéance cette somme, je négociai au sieur Rousset avec engagement de sa part de m'en faire compte, 6,000 francs sur M. Faure, le 21 octobre 1845, afin qu'il pût me rendre, en recouvrant par cette dernière valeur, les lettres de change de 6,000 fr. sur Bordeaux.

Mes lettres de change sur Bordeaux n'intéressaient en aucune manière M. Faure; maintenant, si M. Faure et M. Rousset ont fait entre eux des négociations, je n'y suis pour rien.

J'ai dans les mains les quatre bordereaux signés Rousset, ensemble 16,000 fr. Il m'en doit compte, suivant la mention qui y est faite.

Moi aussi, j'ai une lettre du sieur Roudil, d'après laquelle il paraît avoir été uniquement intermédiaire entre les sieurs Rousset et Laparre et le sieur Faure. C'est une affaire tout en dehors de la mienne. Le sieur Rousset a reçu les 8,000 fr. que M. Faure me devait; il doit me les rendre, ou me transmettre, acquittées, mes cinq lettres de change sur Bordeaux, ensemble de 8,000 fr.

Car si ces lettres de change ne me rentraient pas ainsi acquittées, je serais exposé à une condamnation; le sieur Rousset ne saurait me relever indemne, étant à la veille ou de la faillite ou d'une cession de biens.

Au sujet du bordereau de 3,680 fr., au 24 décembre 1845. — Pour reconnaître la légitimité de ce titre, il doit suffire à la justice, en face de l'art. 1322 du Code civil, la Société l'ayant admis comme émané de son mandataire, ne l'ayant pas attaqué pour cause de fraude ou de dol, suivant l'art. 1353, s'agissant d'une somme supérieure à 150 fr., que cet écrit soit produit par les sieurs Bonnet.

La Société allègue que ce bordereau fait double emploi avec un autre bordereau d'égale somme, du 24 décembre 1844.

Ces deux bordereaux constituent deux contrats distincts, en dehors de leur semi-identité, qui n'est que de hasard, et qui se justifie forcément par des faits.

Un double emploi ne s'entend et ne se produit qu'à l'occasion de comptes, comme, par exemple, quand une même valeur, sous différentes dénominations, se reproduit plusieurs fois, soit à l'actif, soit au passif, et par là augmentant indûment le chiffre qui révèle le double emploi.

Mais jamais, dans deux titres, fussent-ils complètement identiques, quand ils constituent le débet de leur auteur; car, s'il en était autrement, dans toutes affaires entre les mêmes traitants, plusieurs titres identiques, à l'aide de la mauvaise foi, pourraient être arbitrairement réduits à un seul.

Il n'y a pas de banquier un peu en vogue qui ne vît sa ruine écrite dans le contraire de ce principe, sacré de tous temps, de toute éternité.

A l'appui de ces raisons logiques, d'équité, de légalité, viennent groupés les faits incontestables qui justifient le hasard de la semi-identité dont la Société s'empara, au débat du 10 décembre, devant le tribunal de commerce, à celui du 22 décembre 1848, et à celui devant la Cour d'appel; identité forcée, je le répète, qui se justifie par les faits que voici :

1.° La constatation par le jugement du 10 décembre 1846, que Daguet, au mépris de sa dénégation, séjourna à Périgueux, du 21 au 26 décembre 1845, et qu'il put signer le 24, jour intermédiaire de ces deux quantièmes, le récépissé de 3,680 fr.

2.° Que le papier lithographié qui contient ce récépissé, ne prit naissance que dans les jours de juin 1845, fait dès-lors qui eût été impossible en 1844, puisque ce papier n'existait pas alors; que plusieurs autres bordereaux, à partir du 2 juin, sont écrits sur un même type de papier, mais aucun d'eux du type de l'année antérieure 1844.

3.° Que le bordereau du 24 décembre 1844 est écrit sur un type d'une autre lithographie, venant à l'appui de ce bordereau, d'autres bordereaux écrits sur un papier identique.

De sorte que le papier du bordereau du 24 décembre 1845 est accompagné de bordereaux écrits sur un même papier, c'est-à-dire de celui dont la Société se servait depuis le 2 juin précédent.

Et le bordereau du 24 décembre 1844 est accompagné d'autres bordereaux dont le papier servait en 1844.

Toutefois, il aurait pu se trouver du papier de 1844 pour servir en 1845; mais il est impossible d'admettre que le papier qui n'a été créé qu'en 1845 au mois de juin ait pu servir en décembre 1844, pour consommer le prétendu double emploi.

4.° Que tous les doutes doivent se dissiper dans l'esprit du magistrat, quand la Société, par l'organe du sieur Laparre, affirmant par son écrit signé, à la date du 19 novembre 1848, que le sieur Daguet avait toujours signé pour les affaires de la Société Rousset et Laparre, tant à Sarlat qu'à Périgueux, ajoutant qu'il n'a point participé au procès, en vue de la réputation bien établie et de la moralité bien reconnue des sieurs Bonnet.

5.° Ici vient se manifester la preuve incontestable, matérielle, et qui serait de nature à elle seule de dispenser de tous autres moyens, que le récépissé du 24 décembre 1845 devait être purement d'une somme de 3,680 fr., à quelques fractions près, comme il devait avoir forcément pour date, à quelques jours près, celle qu'il indique; comme il était également naturel de lui donner le 1.er avril pour date d'échéance ; ce récépissé est donc de.................................. 3,680 f.

Etait-il dû au 24 décembre 1845 à la Société, suivant ses prétentions, par les sieurs Bonnet, une somme à peu près égale? Voici, par deux titres, la preuve de cette vérité :

L'arbitre Arvengas, dans son rapport, arrête le compte au 30 septembre 1845 ; il fait un redressement au profit des sieurs Bonnet, de...................... 704 fr. 40 c.

Le jugement du 3 septembre 1846, rendu à la suite de ce rapport, a arrêté le réliquat à................................ 2,977 36

3,681 76

Différence par la balance............ 0,001 76

6.° Le terme pris pour le paiement de la valeur de 3,680 fr., du 24 décembre 1845, est un délai d'usage, puisque partant de cette date au 1.er avril suivant, on trouve trois mois et six jours.

7.° La Société, par sa lettre du 3 septembre 1845, dans des termes plus qu'impolis, menace pour le lundi suivant les sieurs Bonnet de leur envoyer un huissier.

Les sieurs Bonnet, abhorrant la représaille en ce genre de procédés, au lieu de répondre, ils versent à la Société, le 21 octobre suivant, la valeur de 6,000 fr. sur M. Faure de Saint-André.

8.° Sur de nouvelles menaces d'une égale intensité, suivant la lettre de la Société du 15 novembre 1845, les sieurs Bonnet y répondent par le versement de 3,680 fr. du 24 décembre 1845.

9.° La Société continue ses menaces; cette fois les sieurs Bonnet se rendent près d'elle; et à la suite d'explications sérieuses, la Société garde le silence, du 12 mars 1846 au 16 avril suivant, époque à laquelle elle assigne les sieurs Bonnet.

Ces circonstances se corroborant réciproquement et venant à leur appui le bordereau du 24 décembre 1845, sous une physionomie toute de vérité, il doit forcément s'ensuivre les présomptions graves, précises et concordantes, abandonnées aux lumières et à la prudence des magistrats, pour dire que la Société est non-recevable dans ses exceptions diverses. Du reste, du moment où il y a preuve par le titre écrit, la voie des présomptions se ferme au magistrat.

Au surplus, l'article 22 du Code de commerce constitue solidaires les associés en nom collectif pour tous les engagements de la Société, pourvu que l'un des associés ait signé et que ce soit sous la raison sociale.

Or, le sieur Laparre, co-associé de Rousset, a signé sous cette raison le 19 novembre 1848.

La Société n'est pas régulièrement constituée, conformément à l'article 42 du Code de commerce, il est vrai; mais quoiqu'il résulte de cette infraction à la loi que tous les actes émanant de cette Société, concernant les tiers intéressés, sont nuls, ce défaut de régularité émanant de la Société ne peut être opposé à des tiers intéressés; dès-lors la signature du sieur Laparre doit produire ses effets en faveur des sieurs Bonnet.

Abordant l'avis de l'arbitre Laporte, exprimant qu'il ne peut être question du récépissé de 3,680 fr. du 24 décembre 1845, comme ayant été annullé par le jugement du 10 décembre 1846, confirmé par l'arrêt du 22 décembre 1848, je réponds que:

Si le sieur Bonnet fils était seul intéressé, si son intérêt ne se liait pas à celui de son père, si le jugement du 10 décembre leur était commun et que le jugement du 3 septembre 1846 n'existât pas, l'autorité de la chose jugée, alléguée par la Société, les sieurs Bonnet le reconnaissent, pourrait péremptoirement leur être opposée. Les sieurs Bonnet n'eussent pas contesté rigoureusement, alors que la conscience de la Société, dans son aridité, ne s'harmonise pas avec la justice.

Mais ici la position est toute différente; savoir:

1.° Le sieur Bonnet père n'a pas participé au jugement du 10 décembre 1846; il ne figure à l'arrêt du 22 décembre, que comme appelant du jugement du 30 septembre 1846 (l'arrêt l'exprime); il vient donc se placer en face du jugement du 3 septembre 1846, pour partir du 30 septembre 1845, aux fins du règlement de compte en question; car c'est à partir de là que les comptes doivent être repris et continués, et en dehors du jugement du 10 décembre 1846.

En conséquence, le sieur Bonnet a la prétention formelle de soutenir la légitimité du récépissé de 3,680 fr. du 24 décembre 1845.

2.° Le sieur Bonnet fils est intéressé dans l'affaire solidairement avec son père; cette solidarité doit le faire participer à tous les bénéfices que le bon droit fait militer en faveur de son père; de telle sorte que le récépissé en question produisant ses fruits envers Bonnet père, Bonnet fils aura droit à ces fruits, le sieur Bonnet fils fût-il même débouté dans son exception quant à la valeur de 3,680 fr. par le jugement du 10 décembre: lesquels fruits doivent annihiler de plein droit les bénéfices de ce jugement, de même que ceux de l'arrêt qui le confirme, du 22 décembre 1848, pour tout ce qui a trait aux 3,680 fr.

3.° Le jugement du 3 septembre 1846, confirmé par ce même arrêt, replaçant souverainement les parties au 30 septembre 1845, pour terminer les comptes à partir de ce jour, forcément tout ce qui a été fait depuis cette époque n'est que provisoire, on doit même dire inopportun ; conséquemment, le jugement du 10 décembre n'a plus aujourd'hui que la physionomie d'un non-sens judiciaire, de même que l'arrêt du 22 décembre; ils n'ont, l'un et l'autre, d'effet que pour sanctionner le jugement du 3 septembre 1846, seul titre qui constitue aujourd'hui la loi des parties.

4.° Enfin, la Société aurait d'autant plus mauvaise grace aujourd'hui de s'étayer du jugement du 10 décembre 1846, pour ce qui est relatif à la valeur de 3,680 fr., qu'elle y a formellement renoncé alors que le jugement du 21 juin 1849, qui renvoie les parties devant l'arbitre le sieur Laporte, pour continuer les comptes à partir du 30 septembre 1845, a été exécuté par elle; elle l'a admis sans aucune réserve ni exception spéciale touchant cette même valeur.

Le jugement du 21 juin, il est vrai, réserve bien aux parties tous moyens et exceptions; mais cette réserve générale n'émanant d'aucune conclusion, ne saurait réserver à la Société aucun moyen à produire légitimement les fins de non-recevoir à opposer à Bonnet fils, pour remettre en question la valeur de 3,680 fr. au 24 décembre 1845.

Le sieur Duphot n'a acquis de la Société que les droits que la Société avait elle-même contre les sieurs Bonnet, ainsi que le porte le jugement du tribunal civil du 9 juin 1849, auquel le sieur Duphot s'est formellement soumis.

Dès-lors, les sieurs Bonnet, comme intéressés vis-à-vis de la Société, peuvent opposer au sieur Duphot les mêmes fins de non recevoir qu'à la Société elle-même, en vertu de l'article 42 du Code de commerce.

Quant aux valeurs expliquées à la 4.° partie du rapport du sieur Laporte, il est vrai qu'à l'égard de ces valeurs les sieurs Bonnet n'ont rien à réclamer matériellement; s'ils en ont relevé l'existence, c'est uniquement comme preuve de la fraude pratiquée par la Société, comme ne se conformant pas à l'article 8 du Code de commerce, alors que ces valeurs ne figurent pas au livre-journal; ce qui doit faire induire naturellement, que si la Société n'a pas enregistré ces négociations, que par le même défaut elle n'a pas enregistré non plus les 6,000 fr. du 21 octobre 1845, pareillement les 3,680 fr. du 24 décembre 1845; ce qui présente un total de 14,997 fr. 90 c., qui n'a pas été porté au livre-journal de la Société, qui s'exprime ainsi :

« Tout commerçant est tenu d'avoir un livre-journal qui présente » jour par jour ses dettes actives et passives, les opérations de son com- » merce, ses négociations, acceptations ou endossements d'effets, et » généralement tout ce qu'il reçoit et paie à quelque titre que ce soit. »

« Art. 13. Les livres que les individus faisant le commerce sont obli- gés de tenir, et pour lesquels ils n'auront pas observé les formalités ci-dessus prescrites, ne pourront être représentés ni faire foi en jus- justice au profit de ceux qui les auront tenus, sans préjudice de ce qui sera réglé au livre des faillites et banqueroutes. »

Le sieur Duphot, qui ne pourrait avoir dans la cause que la condi- tion d'intervenant, aux fins de surveiller ses intérêts contre ses cédants, a pris des conclusions qui ont pour objet de faire ordonner l'exécution provisoire du jugement à intervenir; Rousset, partie principale, a gar- dé le silence, quoique présent à la dernière audience; et Laparre a constamment fait défaut.

Est-ce le cas d'ordonner l'exécution provisoire du jugement à inter- venir? Pour ce qui est dudit Duphot, l'attaque qui est faite de son titre en constitue l'obstacle, art. 439 du Code de commerce. Laparre faisant défaut, sa qualité de demandeur doit faire renvoyer de la de- mande le sieur Bonnet, défendeur, première partie, art. 434. Dans tous cas, Laparre étant défaillant, il ne peut être rendu qu'un juge- ment de défaut-joint, 153 du Code de procédure; mais les questions préjudicielles à ce titre, peuvent-elles recevoir leurs solutions en dehors du défaut-joint, comme n'appartenant pas au fond?

Par ces motifs, voir dire que la Société remboursera aux sieurs Bonnet :

1.° La somme de 682 fr., avec intérêt légal à partir du 16 avril 1846, époque du second paiement de la lettre de change, celui-ci dans les mains du sieur Dieumégard, huissier, qui reconnaît l'avoir reçu, et la Société avouant que la somme lui a été transmise.

2.° La somme de 8,000 fr. reçue par la Société, de M. Faure de Saint-André, avec intérêts, ou la remise acquittés des effets, ensemble de 8,000 fr., sur Bordeaux.

3.° La somme de 799 fr. 44 c., avec intérêts légitimes à partir du

1.er janvier 1846, époque approximative du paiement du bordereau de 3,680 fr.

4.° Que la Société paiera aux sieurs Bonnet, à titre de dommages et intérêts, une somme de 10,000 fr., pour les relever autant que possible des torts qu'elle a portés à leur crédit, et leur rembourser les énormes frais auxquels ils ont été tenus frustratoirement depuis plus de 3 ans que le procès est commencé.

5.° Dire que toute la procédure émanant tant de la Société que du sieur Duphot, leur position étant la même par les termes de la cession, est radicalement nulle en face de l'article 42 du Code de commerce; le tout avec dépens et par corps.

6.° Dire qu'il n'y a pas lieu à ordonner l'exécution provisoire, sous toutes réserves et exceptions, notamment de faire rétracter au besoin le jugement du 10 décembre 1846, et l'arrêt du 22 décembre 1848, par toutes les voies de droit, attendu le dol personnel de la Société, résultant de ses manœuvres frauduleuses, découvertes particulièrement au greffe du tribunal de commerce de Périgueux, la Société n'y ayant pas fait transcrire ni afficher son acte de Société.

Messieurs, comme vous le voyez, je vous ai présenté les faits de la cause dégagés de toutes digressions inutiles; j'ai suivi ponctuellement l'ordre adopté par l'arbitre; je me suis rendu explicite et succinct autant que je l'ai pu; et si je n'ai pas entièrement atteint mon but, j'ai l'espérance que les lumières du tribunal y suppléeront.

Quelques observations que je vais soumettre au tribunal, sur la moralité de la cause et sur celle des parties, ne lui paraîtront pas inutiles, j'ai cette pensée.

Messieurs, les tribunaux de commerce ont été institués pour juger les affaires qui nécessitent une prompte expédition, dans l'intérêt du commerce en général. Aussi se présente-t-il rarement à leur barre des causes de nature à donner lieu aux involutions de celle dont il s'agit. Ces involutions n'émanent pas de moi, ainsi que mes adversaires ont tendu et tendent chaque jour à l'insinuer, et pas toujours surtout à la lumière du grand jour. Je connais leur allure toute subversive.

Ce procès vous est présenté divisé en quatre parties. La première a pour objet de constater le double paiement de la lettre de change de 682 francs.

Eh bien! que révèlent les circonstances de cette partie? 1.° L'oubli, par l'huissier, de l'époque du paiement; 2.° défaut de mention de date à l'acquit, par l'huissier, de ce paiement; 3.° défaut d'inscription, par l'huissier, sur son livre des recouvremens; toutefois, n'entendant point accuser le sieur Dieumégard de connivence coupable : c'est un oubli regrettable ; 4.° défaut par la Société, d'inscription sur son livre-journal de la négociation par le sieur Réveilhas ; 5.° défaut d'inscription des paiements : ces deux derniers points contrevenant aux dispositions de l'art. 8 du Code de commerce ; 6.° la non-présentation au domicile du tiré, pour recevoir les fonds ou protester.

Et le sieur Rousset vient dire qu'il a fait des efforts inutiles pour être payé, et qu'il ne l'a été que trois ou quatre mois après l'échéance! Allégations mensongères ! mensonge qui se constate : 1.° par la lettre de la Société du 15 novembre 1845, qui s'exprime ainsi : *Nous devons vous rappeler que nous tenons à votre disposition l'effet Brou de Saint-Pantaly : Il importe aussi de régler définitivement cette affaire.* 2.° La ligne superposée transversalement sur le corps de la lettre de change, écrite par un employé de la Société, dans ces termes : *Pour recouvrer au 31 décembre 1845.*

Je le demande, ces deux écrits se concilient-ils avec les explications fournies par le sieur Rousset devant le tribunal ?

L'on me demandera pourquoi je ne retirai pas le titre au moment du paiement ? Alors, j'avais confiance dans Rousset ; pour lui éviter le recouvrement sur le tiré, le sieur Pouyaud, à Cubjac, je lui portai les fonds, et mon effet resta avec beaucoup d'autres titres qu'il me retient encore arbitrairement.

Le s.^r Rousset, pris au dépourvu par la crise financière qui, en 1845 (affaire Merlhes), vint frapper et capitalistes et monopoleurs d'argent périgourdins, s'accrocha à toutes les branches de son arbre qui croulait sous le poids de la catastrophe à laquelle il essayait de parer aux dépens d'autrui ; et ce n'est qu'au 16 avril 1846 qu'il donna l'effet au sieur Dieumégard, pour recouvrer ou protester à l'occasion de l'ajournement du même jour. Là est toute la vérité, constatée par l'absence d'une pratique d'usage, par des contraventions à la loi, par des dires mensongers et par les écrits de la Société.

J'ai dû tenir à faire cette constatation et en face du tribunal et en face du public, quel que doive être le sort matériel du double paiement.

Relativement à l'obligation de Rousset de me faire compte de 16,000 f. (5.e Partie). — Mais la prétention de Rousset d'annihiler ces titres par une lettre de son correspondant M. Roudil, lettre de purs renseignements, n'est-elle pas l'effet de l'aberration ou de la plus insigne mauvaise foi ? Quel serait le sort de mes lettres de change de 8.000 fr., sur Bordeaux ? Qui me garantirait qu'incessamment elles ne me seraient pas protestées ? Ce ne serait pas le sieur Rousset, dont le retard à se faire déclarer en faillite est un problème qui préoccupe l'opinion publique.

Et l'effet de 3,680 fr., du 24 décembre 1845, à la troisième partie?

A cet égard, opposer l'autorité de la chose jugée, mais n'est-ce pas un échappatoire coupable? Pourquoi refuser les nouvelles épreuves de la légitimité de cet effet? Une pareille exception n'est-elle pas la preuve de la supercherie? Mais le sieur Rousset, persévérant dans ses desseins, ne veut pas perdre une proie qui aiguillonne si bien son âme vénale. Non, le sieur Rousset ne saurait se défendre aujourd'hui de la légitimité d'un pareil titre. Qui croira qu'un banquier a délivré un bordereau de valeurs sans en avoir reçu le montant? Les sieurs Bonnet ont-ils arraché le bordereau à la Société le poignard sur la gorge? L'ont-ils soustrait frauduleusement et clandestinement? C'est une erreur, dit Daguet, souscripteur du bordereau comme mandataire de la Société. Singulier dilème pour soustraire ses patrons à l'exécution d'une obligation aussi sacrée !

Mais, objecte le sieur Rousset, c'est la triple identité entre cette valeur et celle d'un an avant qui doit déterminer la vraisemblance du double emploi. Il faut se rendre compte si cette identité ne se reproduit pas forcément. C'est du hasard, il faut le reconnaître inévitablement. Et comment se manifeste la vérité de ce hasard? — Voici comment; des titres irréfragables vont le constater :

Il est certain, de l'aveu du sieur Rousset, que le 24 décembre 1844 le sieur Bonnet lui fit un versement sur un récépissé de... 3,680 f.

Maintenant il s'agit d'examiner si le 24 décembre 1845, un an après, le sieur Bonnet ne devait pas à la prétendue Société une somme pareille, à quelques fractions près :

Eh bien ! qu'on prenne : 1.° le rapport de l'arbitre Arvengas, on verra que cet arbitre a fait un redressement en faveur des sieurs Bonnet, de.............. 704 f. 40 c.
qui se distrait de la somme réclamée par la Société.

2.° Le jugement du 3 septembre 1846, et l'on y verra que, distraction faite de ce redressement, le sieur Bonnet y est constitué réliquataire d'une somme de.............. 2,977 36

} 3,681 76

Différence par la balance...... 0,001 76

Comme on le voit, suivant la prétention de la Société, les sieurs Bonnet étaient ses debiteurs, au 24 décembre 1845, d'une somme de 3,681 fr. 76 c., différence, il est vrai, de 1 fr. 76 c. — Mais, est-ce une fraction de ce genre qui devait empêcher de faire le bordereau d'une somme ronde, quand il est vrai qu'il restait alors à procéder aux comptes?

Quant à l'échéance du 1.er avril ; mais trois mois environ, c'était le terme d'usage entre la Société et les sieurs Bonnet, comme avec tous les corélationnaires de la Société.

On se demande si le sieur Daguet était à Périgueux le 24 décembre 1845, pour qu'il ait pu délivrer le bordereau à la date qu'il porte?

Le sieur Daguet nia d'abord sa présence à Périgueux le 24 décembre 1845 ; mais il ne tarda pas à être confondu par les feuilles de service des diligences Gibiat, de Sarlat à Périgueux, constatant qu'il y était arrivé le 21 décembre et en était parti le 26.

Le sieur Rousset poussa l'exception plus loin, en disant que Daguet ne signait plus pour la Société depuis le mois de mai 1845.

Le sieur Laparre, co-associé de Rousset, quoique intéressé, vient détruire cette allégation par sa déclaration écrite, du 19 novembre 1848, s'exprimant ainsi :

« Je dois dire, pour rendre hommage à la vérité, que le sieur Da-
» guet n'eut jamais de la Société un mandat écrit ; mais qu'il a cons-
» tamment signé pour les affaires de la Société, tant à Sarlat qu'à Péri-
» gueux, et qu'adhésion y a été donnée par elle. »

Ces preuves péremptoires ont encore été insuffisantes pour arrêter les dires de Rousset. Il ajoute : Mais la Société, en décembre 1845, ne se servait pas du papier du type de lithographie sur lequel est écrit le bordereau du 24 décembre 1845.

Ici encore, au contraire, vient se manifester la reconnaissance que ce papier n'a été créé qu'en juin 1845, et que conséquemment il avait été impossible d'en faire usage en 1844 ; que conséquemment Rousset continue l'essai de la surprise.

Tant de preuves résultant des pièces, se corroborant réciproquement, ont dû porter les sieurs Bonnet à s'abstenir de toutes autres observations touchant les vingt-sept longs considérants du jugement du 10 décembre 1846.

Quant à la 4.e partie, au sujet des diverses valeurs constatées par la lettre des sieurs Tharaud et Desgranges.

Ici, la seule intention des sieurs Bonnet a été de constater l'infraction à l'art. 8 du Code de commerce, par le sieur Rousset; ce qui le met en opposition à sa déclaration contraire au jugement du 3 septembre 1846, et à son serment mentionné au jugement du 10 décembre 1846.

Maintenant, assemblant tout ce que les faits révèlent, émanant des dires, du serment, des titres, des exceptions, de l'infraction aux lois, constituant la conduite en général de la Société Rousset et Laparre, peut-on trouver à cette prétendue maison de commerce ce caractère de loyauté, cet ordre, ces garanties qui appellent la confiance publique à une maison de banque? A cet égard, presque tout est négatif sous la physionomie du scandale.

Et pourtant le jugement du 10 décembre 1846 apprend que c'est la moralité supposée de cette Société, et principalement du sieur Daguet, qui, mise en parallèle avec la nôtre, a déterminé cette décision anticipée.

Les sieurs Bonnet ont dû y trouver la douleur profonde qui étreint leur âme, constamment rendue pure par tous les actes de leur vie.

Les sieurs Bonnet ne se défendent pas des revers qui sont venus les frapper dans leur élan tout patriotique à fonder une industrie utile au pays.

L'apparence du succès de l'entreprise des sieurs Bonnet ayant frappé à son état de torpeur l'âme d'hommes méchants, jaloux, cupides, leur a créé les obstacles de l'infortune, du malheur.

Tout le tort des sieurs Bonnet est de n'avoir pu vaincre une conjuration d'ennemis qui convoitaient leurs éléments d'avenir. Les sieurs Bonnet n'eussent jamais été vaincus par la calomnie portant ses coups isolément : il fallait recourir à d'autres moyens pour consommer leur ruine matérielle.

Pour y parvenir, les procès étaient la meilleure arme ; aussi, cette arme a-t-elle été aiguisée par les artisans des défaites, les plus aptes, les plus subtils : de là, la victoire à l'iniquité, au mépris de la justice et du bon droit.

Des malheurs de cette nature doivent-ils produire les stygmates de l'*improbité*, ou ne sont-ils pas au contraire relevés par l'honneur?

On m'a fait la réputation de plaideur: eh! bon Dieu! à qui au monde ai-je donc fait un procès?

M'a-t-on jamais vu devant le tribunal de commerce, si ce n'est avec la Société Rousset et Laparre et un certain Malambic, dont la nombreuse famille avait excité ma charité, et duquel les méchants surent se faire un agent de perfidie? Mais enfin, après m'avoir accablé de tribulations iniques, la Cour d'appel, par un arrêt solennel, est venue y mettre équitablement le terme dû à mon bon droit.

Des procès civils sont aussi venus en aide à une persécution jurée. Mais quel était le but de ma défense? Celui de conserver ma fortune à d'honnêtes créanciers. Je résistai aux vautours qui avaient entrepris de dévorer la proie. L'honneur ne me commandait-il pas de procéder à la conservation du gage de mon débet et de mon devoir envers ma famille ?

À part ces faits, que ceux qui ont des reproches à faire à ma vie, à mes actes, depuis 40 ans que j'habite le Périgord, veuillent bien me les adresser par la voie qui pourra leur donner le plus d'éclat : je leur en saurai gré.

Et mes adversaires, oseront-ils faire une pareille proposition à leurs victimes ? Sans vouloir m'attacher à exhumer du sein du malheur le ferment de leurs machinations, je demanderai au sieur Rousset, qui excipa contre moi, en cour d'appel, d'un jugement civil qui me concerne, si j'ai usé de représailles envers lui en invoquant le jugement du tribunal de commerce, du 26 novembre 1846, qui le condamne à des dommages et intérêts envers le sieur Février, qui lui avait confié un blanc-seing, et à l'occasion du parti tiré de ce blanc-seing en faveur du sieur Déveaux, notaire à Cubjac. Le sieur Rousset remplira-t-il tous ses engagements d'ancien banquier ? Les réunions qu'il fait de ses créanciers auront une issue qui éclairera le public.

Quant au sieur Daguet, je me bornerai à reproduire quelques fragments du réquisitoire de M. le procureur du roi de Sarlat, extraits d'un mémoire imprimé et distribué à l'occasion de l'affaire en police correctionnelle du sieur Laparre, où le sieur Daguet était le principal témoin. Voici comment ce magistrat s'exprime :

« Daguet comparaît donc devant le juge d'instruction. Nous avions senti au premier examen que nous avions fait de cette affaire, tout ce que l'accusation pouvait tirer d'avantages de cette déposition ; mais en poursuivant l'étude de l'instruction, nous nous aperçûmes bientôt que la confiance que méritait ce témoignage était limitée. — Nous fûmes frappé du changement subit qui se faisait remarquer dans le langage du témoin, qui nous paraissait avoir fait trois versions différentes dans le court délai de quelques heures. — Nous tirons de cette circonstance extraordinaire la conséquence que ce témoignage était douteux et ne pouvait faire preuve entière lorsqu'il s'agissait d'une condamnation, lorsqu'il s'agissait surtout de la constatation d'un délit qui ne supporte ni doute ni obscurité.

» Les débats qui viennent d'avoir lieu peuvent-ils modifier notre opinion ? Le témoignage du sieur Daguet mérite-t-il aujourd'hui plus de confiance qu'autrefois ?

» Les variations, nous pourrions même dire les contradictions dans lesquelles est tombé le sieur Daguet, ne sont-elles qu'un changement dans les expressions ? Non, messieurs. Et que dire encore si ces tergiversations et ces variations étaient en contradiction avec des aveux forcés de la part du même témoin ? — Tirons de toutes les circonstances que nous avons rappelées la conséquence bien naturelle que le témoignage de Daguet n'a rien de bien rassurant pour la conscience du juge.

» Ajoutons même, et les faits nous y autorisent, qu'asseoir une opinion sur un pareil témoignage serait une imprudence lorsqu'il s'agit d'une condamnation.

» Encore donc une inexactitude de plus du sieur Daguet.

» Messieurs, il s'est passé hier à votre audience une circonstance qui a une haute signification. On doit l'invoquer au besoin, pour prouver que le sieur Daguet joint quelquefois au défaut de mémoire le défaut d'ordre dans la tenue de ses écritures. C'est ce que l'on pourrait dire au besoin.

» C'est sans consulter les livres, c'est sans examen que M. Daguet constitue M. de Ravilhon débiteur de 4,000 fr. Quelle légèreté, quelle imprudence, quel tort grave pour un homme d'affaires placé comme gérant à la tête d'une banque ! Que d'irrégularités et que d'erreurs cela peut faire supposer !

» Or, vous vous le rappelez, il a été constaté hier, par les livres, par la correspondance, par la représentation des billets, que le sieur Daguet n'avait pas dit vrai le 24 mars ; qu'il avait erré sur ce point comme il pouvait avoir erré sur les autres. — Eh bien ! n'est-ce pas une raison de plus, pour nous comme pour vous, de ne pas donner une confiance entière à ses paroles ; celui qui se trompe une fois, peut se tromper deux, et celui qui est dans l'habitude de se tromper, ne peut faire une véritable impression sur l'esprit des juges. »

Ajoutons à ce tableau analytique, que la caisse commerciale dont Daguet était gérant à Sarlat, a été déclarée en faillite par jugement du tribunal de commerce de cette ville, en date du 25 février 1848, lequel jugement est confirmé par un arrêt de la cour d'appel de Bordeaux.

La définition de l'ordre, du caractère et du langage véridique du sieur Daguet, par M. le procureur du roi de Sarlat, doit sans doute me porter à m'abstenir de toute réflexion. Et c'est pourtant ces expressions vagues de Daguet : *Je dois avoir... il est probable que*, etc., consignées au jugement du 10 décembre 1846, qui ont fait annuler le contrat écrit entre la Société et les sieurs Bonnet...

BONNET.

Périgueux, le 13 septembre 1849.

PÉRIGUEUX. — IMPRIMERIE LAVERTUJON.

www.ingramcontent.com/pod-product-compliance
Lightning Source LLC
Chambersburg PA
CBHW060610050426
42451CB00011B/2181